¡Encuéntralos en la naturaleza!

Cacas de animales

por Jenna Lee Gleisner

Bullfrog
en español

Ideas para padres y maestros

Bullfrog Books permite a los niños practicar la lectura de textos informativos desde el nivel principiante. Las repeticiones, palabras conocidas y descripciones en las imágenes ayudan a los lectores principiantes.

Antes de leer

- Hablen acerca de las fotografías. ¿Qué representan para ellos?
- Consulten juntos el glosario de las fotografías. Lean las palabras y hablen de ellas.

Durante la lectura

- Hojeen el libro y observen las fotografías. Deje que el niño haga preguntas. Muestre las descripciones en las imágenes.
- Léale el libro al niño o deje que él o ella lo lea independientemente.

Después de leer

- Anime al niño para que piense más. Pregúntele: ¿Has visto alguna vez la caca de un animal? ¿Sabías de qué animal era? ¿Cómo lo sabías?

Bullfrog Books are published by Jump!
5357 Penn Avenue South
Minneapolis, MN 55419
www.jumplibrary.com

Library of Congress Cataloging-in-Publication Data

Names: Gleisner, Jenna Lee, author.
Title: Cacas de animales / por Jenna Lee Gleisner.
Other titles: Animal poop. Spanish
Description: Minneapolis, MN: Jump!, Inc., [2025]
Series: ¡Encuéntralos en la naturaleza! | Includes index.
Audience: Ages 5–8
Identifiers: LCCN 2024030379 (print)
LCCN 2024030380 (ebook)
ISBN 9798892137263 (hardcover)
ISBN 9798892137270 (paperback)
ISBN 9798892137287 (ebook)
Subjects: LCSH: Animal droppings—Juvenile literature.
Classification: LCC QL768 .G56418 2025 (print)
LCC QL768 (ebook)
DDC 591.4—dc23/eng/20240807

Editor: Katie Chanez
Designer: Molly Ballanger
Translator: Annette Granat

Photo Credits: milart/Shutterstock, cover, 3, 8, 22 (rabbit droppings), 23tr; Leo Bucher/Shutterstock, 1; Golden Pixels LLC/Shutterstock, 4; Vladimir Solovyev/Shutterstock, 5, 23bl; Christiane Lach/Shutterstock, 6–7; Rabbitti/Shutterstock, 9; Amelia Martin/Shutterstock, 10–11, 23br; Jillian Cooper/iStock, 11; Mikael Males/Dreamstime, 12; This servants heart/Shutterstock, 12–13; WhatsUpBeaches/Shutterstock, 14–15, 23tl; Dean Fikar/Shutterstock, 15; Kerry Hargrove/Shutterstock, 16; Mick Durham FRPS/Alamy, 16–17, 22 (pit); Cloebudgie/iStock, 18; Christian Schoissingeyer/Shutterstock, 19; The Wasp/Shutterstock, 20–21; Danae Abreu/Shutterstock, 21, 22 (goose poop); Jim Cumming/Shutterstock, 22 (coyote), 22 (deer); Eric Isselee/Shutterstock, 22 (otter), 24; Shutterstock, 22 (rabbit), 22 (goose), 22 (badger), 22 (bear), 22 (deer pellets), 22 (bear poop); Chimperil59/Getty, 22 (coyote scat); William Wise/Dreamstime, 22 (otter poop).

Printed in the United States of America at Corporate Graphics in North Mankato, Minnesota.

Tabla de contenido

¡No la toques!
Nunca toques la caca de un animal. Esto te mantiene a salvo.

Claves sobre las cacas

Estamos en una caminata en la naturaleza.

¡Un animal estuvo aquí!

Dejó heces.

¿Qué animal estuvo aquí?

¿Qué comió él?

Las heces nos lo cuentan.

¡Descubramos más!

Los excrementos de los conejos son pequeños.

Son redondos.

Tienen hierba dentro de ellos.

¿Por qué?

¡Los conejos comen hierba!

mota

¿Qué son esas motas rojas?

¡Las semillas de frutas!

Los osos negros comen fruta.

Las heces de los coyotes parecen cuerdas.

Ellas pueden tener pelo y huesos.

Pueden tener semillas y nueces.

Las bolitas de los venados son suaves.

Ellas brillan.

Se pegan entre ellas.

Esta caca está en un agujero.

¿De quién es?

¡De un tejón!

agujero

Esta caca está cerca del agua.
Está llena de huesos de peces.

¡Es de una nutria!

La caca de gansos también está cerca del agua.

Puede ser blanca o de color verde claro.

¡Guácala!

Empareja las cacas

Empareja cada animal con su caca. ¡Busca la información en el libro si necesitas ayuda!

Glosario de fotografías

bolitas
Pedacitos de caca de venado.

excrementos
Pedacitos de caca de conejo.

heces
Las cacas de los animales salvajes.

motas
Manchitas o marquitas.

Índice

Para aprender más

Aprender más es tan fácil como contar de 1 a 3.

1. Visita www.factsurfer.com
2. Escribe "cacasdeanimales" en la caja de búsqueda.
3. Elige tu libro para ver una lista de sitios web.